Τι είναι δημοκρατία; written by Marisa De Castro and illustrated by Christos Kourtoglou
Copyright © 2020, Metaichmio Publications S.A. (Athens, Greece) and Marisa De Castro
All rights reserved.
Korean translation copyright © 2023, Smart Junior
Korean translation rights are arranged with Metaichmio Publications S.A.
through AMO Agency, Korea.

이 책의 한국어판 저작권은 AMO에이전시를 통해 저작권자와 독점 계약한 스마트주니어에 있습니다.
저작권법에 의해 한국 내에서 보호를 받는 저작물이므로 무단 전재와 무단 복제를 금합니다.

아하! 민주주의

우리에게는 힘이 있어요

마리사 데카스트로 지음
크리스토스 쿠르토글루 그림
김미선 옮김

생각하는책상

나는 왕이다.

이곳을 다스리라고 신이 나를 보냈지!
내가 모든 것을 결정하겠어! 너희는 모두 나의 자식이니 내가 너희를 보호해주마!
내게 이로운 것이 너희에게도 이로운 것이니까!

싫어!
우리는 동등하고 싶어! 남자든 여자든, 모두!
우리는 더 잘 살고 싶어! 우리 이야기를 들어봐!
우리 삶은 우리가 결정하겠어!
우리는 권리를 원해! 우리는 민주주의를 원한다고!

* 다양한 언어로 쓰인 '민주주의'

고대 그리스인들은 무슨 이야기를 저렇게 하고 있을까요?

그들은 지금 아주 진지해요.
고대 아테네에서는 선출된 대표자들 회의에
누구라도 참석해 자기 의견을 말하고
도시의 중요한 문제를 함께 결정했어요.
아, 그런데 남자만 회의에 나갔어요.
여자는 집에서 아이를 돌봐야 한다는 거죠.
옛날에는 그랬답니다. 그러다……

새로운 생각이 퍼져 나가며 세상이 완전히 뒤바뀌는
엄청난 혁명이 일어났어요. 남자와 여자는 동등하기에
여자도 똑같은 권리가 있다는 주장이 힘을 얻기 시작했죠.
이것은 쉬운 문제가 아니었어요. 여자들은 자기 권리를
얻기 위해 치열하게 싸워야 했어요!

한 나라의 국민이 아주 많은 권리를 가지는 것을
'민주주의'라고 해요.
민주주의 국가에서는 자기 의견을 마음껏 말할 수 있어요.
자유롭게 생각하고 자유롭게 말하기!

민주주의 국가에서 우리는 평등해요. 그리고 모두가 같은 권리, 같은 의무를 지니죠.
이 말은 곧, 법이 누구에게나 동등하게 적용된다는 뜻이에요. 아이든, 여자든 남자든,
젊은 사람이든 늙은 사람이든, 법이 모두의 권리를 지켜줍니다. 또 어떤 인종에 속하든,
어떤 종교를 가지고 어떤 일을 하든, 어떻게 생겼고 얼마의 재산을 가졌든,
법은 달라지지 않아요.

민주주의 국가에는 정의가 있어요. 누구도 아무 이유 없이 감옥에 가지 않아요. 판사가 죄를 지었는지 아닌지를 판단해서 법을 어긴 사람에게는 벌을 줍니다.

민주주의는 모두를, 모든 여자와 남자를 존중합니다.
모두를 똑같이 대하는 거죠. 민주주의는 우리가 안전하고,
피해당할 걱정 없고, 돈을 벌 수 있게 해줘요.
민주주의 덕분에 우리는 자유롭고 행복해요!

그럼, 민주주의는 어떻게 해야 작동할까요?

국민을 가장 잘 이끌 것 같은 사람을
국민 스스로 선택할 권리를 가지게 되면
민주주의가 실현됩니다.
우리나라에서는 국민을 대표하는 국회의원
300명을 4년에 한 번씩 뽑습니다.
18세 이상 남자와 여자는 누구나
국회의원 선거에 후보자로 나서거나
지지하는 후보자에게 표를 줄 수 있어요.

국민이 선택한 대표자들은 모두에게
이로운 방향으로 나라를 이끌어갈 수
있도록 법을 만듭니다. 그러면 국민은 누구든
그 법을 지키며, 다수의 결정과 소수의 권리를
소중히 여깁니다.

소수 의견을 가진 사람들도 당연히 권리가 있어요! 민주주의는 평등하기 때문이죠. 누구나 자유롭기 때문에 각자 최선이라고 믿는 방식으로 살아가도 되죠. 다만 다른 사람의 자유를 해치지는 말고요.

민주주의가 위험에 빠진 적도 있었나요?

그럼요. 사람들이 모여서 나쁜 일을 계획한 후 헌법(시민의 자유와 권리를 보장하는 근본법)을 폐지하고 무력을 앞세워 독재 정부를 세우기도 했어요. 독재 정부를 이끄는 독재자는 새로운 법을 만들고, 국민이 읽고 듣고 쓰는 모든 것과 라디오나 텔레비전 방송, 인터넷까지 다 통제해요. 독재자는 국민이 독재자와 똑같이 생각하기를 원하죠. 독재자는 다른 생각이나 의견은 중요하게 여기지 않아요. 누구도 진정 자유롭지 않죠.

우리나라에서도 한때 군대가 독재 정부를 구성해
나라를 이끌었어요. 당시 사회 분위기는 무척 엄격해서,
내가 부르고 싶은 노래를 부르지 못하고 입고 싶은 옷도
입지 못할 정도였죠.

군사 독재 정부가 무너진 후에는 전 국민이 나라를 이끌어갈 사람을 직접 뽑았습니다.
수십 년이 지난 지금 우리나라는 안정된 민주주의 국가가 되었습니다!

오늘날 전 세계 많은 나라가 민주주의를 토대로 운영되고 있어요. 하지만 여전히 어떤 나라의 여자 아이들은 학교에 다닐 수 없어요. 또 자기 생각, 감정, 종교, 인종 때문에 괴롭힘 당하는 이들도 있고요.

고대 그리스어로 '사람들'을 뜻하는
'데모스demos'와 '힘'을 뜻하는
'크라토스cratos'를 합친 말이
'민주주의democracy'입니다.
즉 '민주주의'는 '사람들의 힘'을 의미해요.
우리는 모두 사람이고, 우리에게는 힘이 있어요!
민주주의 국가에서 우리는 권리를 가집니다.
그 권리는 모두를 위한 것이에요!

마리사 데카스트로

파리 소르본 대학에서 어린이와 청소년 교육과 문학을 공부했습니다. 그는 어린이를 위한 교양서 작가이면서 문학 번역가로 활동하고 있습니다. 1998년부터 문학 평론가로 일했으며, 그리스작가협회, 국제아동청소년도서협의회(IBBY) 그리스 부문, 온라인 저널 <독자(O ANAGNOSTIS)> 편집 위원회 회원이기도 합니다. 2006년, 2017년, 2018년에 그리스 국가상을 수상했으며, 2012년, 2016년에는 IBBY 그리스 부문 상을 받았습니다. 또한 2014년에는 그리스문학번역가협회 청소년 도서 번역상을 수상했고 2016년 번역서 『기적(Thavma)』으로 2016년 IBBY 명예의 전당에 올랐습니다. 데카스트로의 책은 2017년과 2018년에 뮌헨 국제청소년도서관 화이트 레이븐스 카탈로그에 수록되었습니다. 데카스트로의 책은 https://biblionet.gr/author/1625/Ντεκα'άστρο,_Μαρίιζα 에서 볼 수 있습니다.

크리스토스 쿠르토글루

아테네에서 태어났으며 지금도 아테네에서 생활하며 일합니다. 사회학을 공부했지만 일러스트와 그래픽 아트를 좋아하는 자신의 열정을 따르기로 했습니다. 그래픽 디자이너로 다양한 회사에서 일했으며, 2013년부터는 독자적으로 활동하고 있습니다. 쿠르토글루는 그리스 및 해외 다양한 출판사와 작업하며 문학 도서 표지를 디자인하고 어린이 책 일러스트를 그립니다. 그의 작품은 그리스와 해외에서 개최된 많은 전시회, 온라인 등에서 전시된 바 있습니다.

김미선

중앙대학교 사학과 졸업 후 미국 마켓대학교에서 커뮤니케이션으로 석사학위를 받았습니다.
다년간 여러 출판사에 어린이·청소년 책을 소개하며 책과 인연을 맺었으며,
현재 번역에이전시 엔터스코리아에서 어린이·청소년책 출판 기획 및 전문 번역가로 활동하고 있습니다.
주요 역서로『실수와 오류의 세계사』,『디즈니 기묘한 소원 1: 새로운 친구들』,『아노락(Anorak) 1호 공원』,
『런던의 마지막 서점』,『어린이를 위한 세계사 상식 500』,『당당하게 말해요 좋아요! 싫어요!』,
『세상 모든 유목민 이야기』등이 있습니다.

아하! 민주주의
우리에게는 힘이 있어요

초판 1쇄 펴낸 날 2023년 12월 10일
글 작가 마리사 데카스트로 | **그림 작가** 크리스토스 쿠르토글루
옮긴이 김미선 | **펴낸이** 이영남 | **펴낸곳** 생각하는책상
등록 2013년 5월 16일(제2013-000150호)
주소 서울시 마포구 월드컵북로 402번지 (상암동,케이지아이티센터) 925D호
전화 02-338-4935(편집), 070-4253-4935(영업) | **팩스** 02-3153-1300
메일 01msn@naver.com | **편집** 생각하는책상 편집부 | **디자인** 디.마인
ISBN 978-89-97943-87-6(73340)

ⓒ 마리사 데카스트로, 크리스토스 쿠르토글루 2023

※ 생각하는책상은 스마트주니어의 어린이책 전문 브랜드입니다.
※ 어린이 안전 특별법에 의한 제품 표시
제조자명: 스마트주니어 | 제조년월: 2023년 11월 | 제조국: 대한민국 | 사용연령: 7세 이상